DAVID L. HOYT'S
TIC-TAC-DOKU™

DAVID L. HOYT'S
TIC-TAC-DOKU™

TIC-TAC-DOKU PUZZLES BY DAVID L. HOYT
AND BOB WILLIAMS

SUDOKU EXPRESS PUZZLES BY DAVID L. HOYT
AND ANDY HAASL

PUZZLE
WRIGHT
PRESS

New York

**PUZZLE
WRIGHT
PRESS**

New York

An Imprint of Sterling Publishing
387 Park Avenue South
New York, NY 10016

© 2012 by David L. Hoyt

ISBN 978-1-4549-0065-8

Distributed in Canada by Sterling Publishing
c/o Canadian Manda Group, 165 Dufferin Street
Toronto, Ontario, Canada M6K 3H6
Distributed in the United Kingdom by GMC Distribution Services
Castle Place, 166 High Street, Lewes, East Sussex, England BN7 1XU
Distributed in Australia by Capricorn Link (Australia) Pty. Ltd.
P.O. Box 704, Windsor, NSW 2756, Australia

For information about custom editions, special sales, and premium
and corporate purchases, please contact Sterling Special Sales
at 800-805-5489 or specialsales@sterlingpublishing.com.

Manufactured in the United States of America

2 4 6 8 10 9 7 5 3 1

www.puzzlewright.com

CONTENTS

INTRODUCTION

I've drawn on years of game-inventing experience to create Tic-Tac-Doku™. As the name suggests, it is a mash-up of tic-tac-toe and Sudoku. To show you how it works, here is a sample Tic-Tac-Doku™ puzzle and its solution:

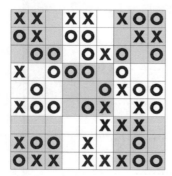 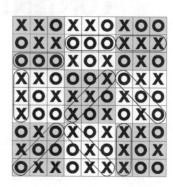

Like a regular Sudoku grid, a Tic-Tac-Doku™ grid is divided into nine three-by-three sections. (I've shaded alternating sections on all the puzzles so they are easy to see.)

The rules are simple:

There can only be one tic-tac-toe per section. If you find yourself with multiple tic-tac-toes within a section, then the puzzle is not solved correctly.

There cannot be more than three consecutive Xs or three consecutive Os anywhere in the grid. You can't have more than three consecutive Xs or three consecutive Os vertically, horizontally, or diagonally.

There have to be four Xs and five Os *or* five Xs and four Os per three-by-three section. If X wins a section, then there is one fewer O. Conversely, if O wins the section, then there is one fewer X.

That's it! This book is divided into easy, medium, and hard sections. It might take you a few of the easy puzzles to get the hang of it, but once you do, you'll be hooked and solving hard puzzles like a pro.

As a bonus, you'll find **Sudoku Express** puzzles throughout the book. This fun little game follows the logic of classic Sudoku, but in three dimensions. Here's an example:

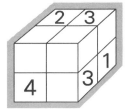 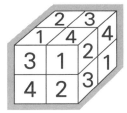

The rules are simple:

> **Each 2 x 2 face must contain each number from 1 through 4.**
>
> **Likewise, each row and column must contain each number from 1 through 4.**
>
> **Finally, the numbers must not be repeated in any row, column, or face.**

Again, thank you for choosing this book. I hope you'll have as much fun solving these Tic-Tac-Doku™ and Sudoku Express puzzles as I did creating them.

Sincerely,

David L Hoyt

PUZZLE #1 ▪ EASY

X	O	O	X	X		O	X	O
X	O	O		O	O	X	X	
	X		O		O	O	O	X
X	O	O		X	X	X		
O		X	X		X		X	X
O	X		O	O		O	X	X
X		O	O		O		X	
X	X		X		X	X	O	O
O	X	O	X	O		O		X

Puzzle #2 ▪ Easy

X	O	O		O	X		X	O
O	O	X		X	X	X		O
X	X		O	O		X	X	
O	X	O		X		X		O
X		O		O	X		X	O
X	X		O		X	X	X	
	O	O	O	X		O		X
O		O	X		X	X	O	O
X	X		X	O			X	X

Puzzle #3 ▪ Easy

	X	O			O	O	X	
O	O		X	O	X	X	O	O
X		O	X	O		O		X
X	O	O		O		X	O	X
O			O	X			X	O
	X	X	X		O	O	X	
O	X		X	X		O	O	
X		X	X	O	O		X	O
X	O	O			O	O	X	X

Puzzle #4 ▪ Easy

X			X	X		X	O	X
O	X	O	X	O	X	O	X	
X	X	O		O	O		X	O
	X	O		X		X		X
O	O		X		X	X	X	O
X		O	O	O		O	O	
X	O	X		O	O	O		X
O	X	X		X		X	O	
	O	O	O		X	O	O	X

SUDOKU EXPRESS #1

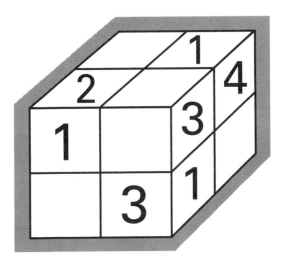

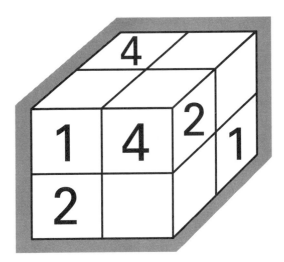

O	O		O	X	X	X		X
X	O	O		O		O	X	O
X	X		O	O			X	O
O		X			O	O		X
X	O	X	O	X		X	X	
	X		X	O	X	O	X	O
O	X	X		O			X	O
X				X	X	O	O	X
O	O	X	X	O	O	X		X

PUZZLE #6 ▪ EASY

	O	O			X	X	X	
O			O	O		O	X	O
X	X		X	O	O		O	O
	X	X	O		X	X		X
O	O			O		X		
O		O	O	O		O	O	X
O	O		O	O	O		O	X
	O	O	X		O	O		O
	X		X		X		X	

Puzzle #7 ▪ Easy

X		X		X		O		X
O		O	O	O		X	O	X
	X	O	O		O	O	O	
X	O		O	X		X	O	
	X	O		O	X			X
O	O	X	O	O		O	X	X
X		O			O		O	X
X	X		X	O	X		X	
O	X	O		O	O		O	X

O	O		O	O	X	O	O	
	X	X	X		O	X		X
X		O	X	X		O	X	O
X		X	X	X		X		O
	O	O		X	O	O	X	
O	O		X	O		O		O
X	X		X	O	X	O	X	
X	O	O	O		O		X	O
O		X	X			X	O	O

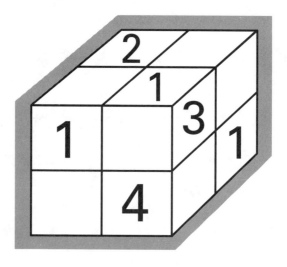

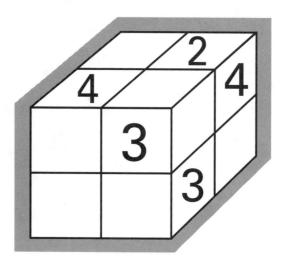

Puzzle #9 ▪ Easy

O	X	O	X		X	O		O
	X	X		X	O	X	X	O
O	O	X	O	X		X		
O	X		X	X			X	O
X		X		O	X	X	O	X
	O	O	O		O	O	O	
O		O	O	O		X	X	O
	X	X	X		X	O	X	
O	O	X		X	X	X	O	O

Puzzle #10 • Easy

X	O		O	X	X	X		X
	X	O		X		X	O	O
X	X	O		O	O		X	O
X	O		X	O	X		X	
	O			O		O		X
X		X	O		X	O		X
	X	X	X		O	X	O	
X	X		X		X		O	X
	O	O	O	X	O	X		X

Puzzle #11 · Easy

O		X	X	X		X		O
X		X		O	O		O	X
O	X	O	X			X		
O	O	X		X	X	O	X	O
X	O		O		O	X	O	X
	X	X	X	O			O	X
X	X		X		X	X	X	
X	O	O	X		O		O	X
O	O		O	O		X	O	O

PUZZLE #12 ▪ EASY

	X	X	X		X	O		O
X			O	O	X		X	X
O	O	X		X		X		X
X	X		X		O	O		O
O	X	O		X	O		O	O
X		O	O	X		X	X	
	X			X	X	X		O
X		O	O	O			X	O
X	O	O	X		X	X	X	

SUDOKU EXPRESS #3

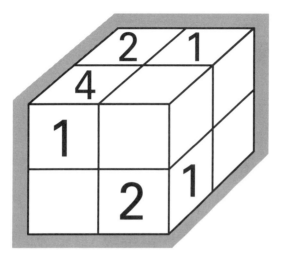

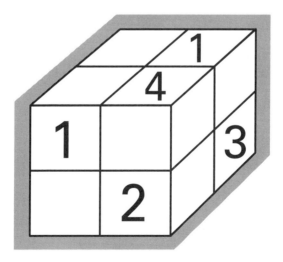

Puzzle #13 ▪ Easy

X	O	X	X	O		X	X	O
O	O		O		O	X	O	O
	O	O	O		X		O	X
O		O	X	O	X	X	X	
	X	X	X		O	O	X	O
O	O		O	O			O	
X	X	O		X	O	X	O	X
O	X		X	O	O	X	X	O
X	O	O		O		O		O

PUZZLE #14 ▪ EASY

	O	O	O		O	O	O	
X	O		X	O	X		X	X
	X	X	X		O	O		O
O		X	X		O		O	O
	O	X		O		X	X	
O	X		X	O	X	O		
O	X	O	X		O	O	X	
O			O	O		X		O
	X	O	X		X	X	O	O

PUZZLE #15 • EASY

O	O	X		O	X	X		X
	O	O	O			O		O
X	X			X	X		X	X
	O	O	O		X	O		
O	X	O		O	O		O	X
X		O	O	X		O	O	
	O			X	X	X		O
X	X	O	O		O	O	X	X
X		X	X		X	X	O	

Puzzle #16 • Easy

O	X	X		O	O		O	
X	O	O	X	X		X	O	
O			X		X	O	X	O
X		X	X	O		O	X	O
O		X			O	X		O
X	O		X	X		X	X	
	X	X	X		O			O
O	X	O	X		X	X	X	
	O		O	X	O	X		O

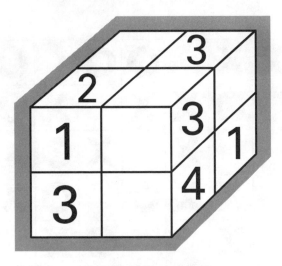

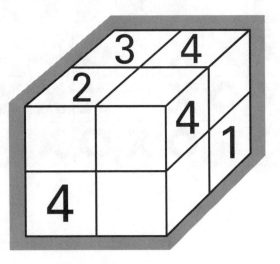

O	X		X	X		O	O	X
O	O	X	X		O		O	O
	X	X		X	O			X
O		O		X	O	O	X	
X	X		X	O		O	X	X
	X	X	X		O		X	O
O		X		X	X	O		X
X	O	X	O	O		X		O
O	X		X		X	X	X	

Puzzle #18 • Easy

X			X	O	X	O	O	X
O	O	X		O	O	X	X	
O	O	X	O	X	X			X
	O		X		O		O	X
X		O	X	O		O		O
X		X		X		X	X	
O	X	X		X	X	X		X
	X	O	X	O		O	O	X
O	O		O	O		O	X	

	O	O	O		O	O	X	O
X		X	X	O	O	X	X	
O	X		X		X		O	X
X		X		O		O		O
O		O		X	X		X	X
O	X	X	X		X		X	
	O		O		O	O		X
X		X	X	O	O		X	X
O	X		X		X		X	O

Puzzle #20 • Easy

	O	X	X	O	O		O	X
X		O	O		O	X		O
X	O					X		O
X	O		O	O		O	X	
	O	O		O	O	O		
		X	X					X
X	X		X		O	O	O	
O		O	O	O		X	O	X
X	O	O	O		O	O		O

Sudoku Express #5

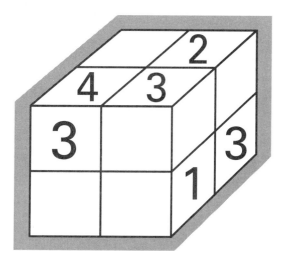

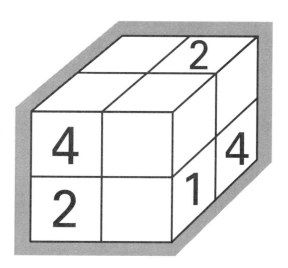

Puzzle #21 • Easy

O		O	O	O			X	O
X	O	X		O		O	O	X
O		X		X		X	X	O
O	X	X	O	O	X	X		X
		O	X		O		O	
O			X	X			O	X
O	X	X	X			O	X	
O				X	X		X	X
X		O	X		X	X	O	O

PUZZLE #22 ▪ EASY

X		X		X	O	X	O	
	X	O	O		X		X	O
O	O		O	O	O		X	O
O		X	O			O		X
O	O	X	X		O		O	O
	O		O	X	O	X		
O		X	X		O	X	X	O
X	O		X	X			X	X
O		O	O		O	O		O

Puzzle #23 • Easy

X	X		X	O	O		X	X
O		O	O		X	O	O	
X	O			O	X	O		O
	X	X	X		X	O		O
X			O	X	O		X	O
O	O		O	X		O	X	
O	X	O	X		O		X	O
X		O	X	X	O	O		X
O		X	O	X			X	X

O	X	X	X		X		X	C
	X		X	X	O	O		X
C		O		O		O	O	X
O	O	X	O		O	O		X
	O		O	X	X		O	
O	X		X			X	O	C
X	X	O			O	X		C
X	X		X	X	O	O	X	X
C			O	X	X		X	X

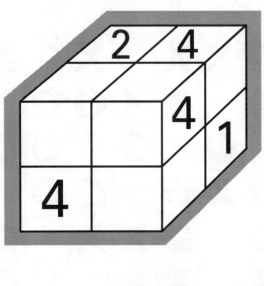

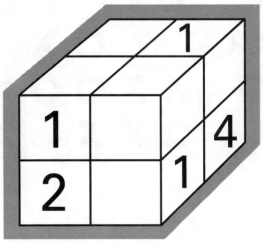

Puzzle #25 • Easy

O	O	X	X		X	O	O	
X	X	O	O		O	O		X
		X	X	X			O	
O		O	O	X		O	O	X
O	X	X		O	O		X	
	O		O	X		O	X	X
X	O	O	X		O		O	
X				O		O	O	X
O	X	O	X		O	O	X	X

Puzzle #26 ▪ Medium

X		O	O		O	X	O	X
O	X	O		O	O		O	O
	X			X		O		X
O	X	X		O	X	O		O
O			O	X			X	
	O	O	O		O	X	X	O
O		O		O	O			O
X	X	O		O	O	O		X
O	X			X	X		O	X

Puzzle #27 ▪ Medium

X	X			O	O		X	O
O		X	X			O		X
O		O	O	X		O	O	
X	X	O		O		O		X
O	X		O	O	X		O	
	O	O		X	X		O	X
X		O		O				O
O		X	X		O	O	O	
O		X	X	X		X	X	O

Puzzle #28 • Medium

O	O	X		X	X	X		X
	X	X	X		X	X		O
O		O		O		O	O	O
X		O		X	O		O	O
	X				X			
O		O	O		O	O		O
O		O	O	O		X	O	
O	O			O	O	O		O
	X	O	X		X	X	X	

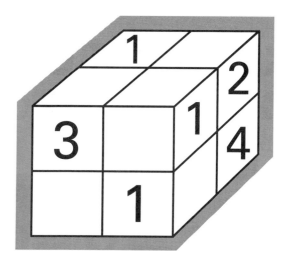

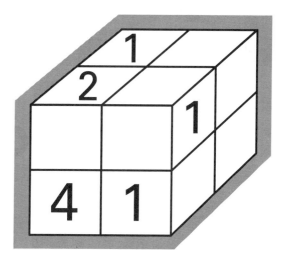

X	X	O	O	X	X	O	O	X
O	X			X		O		
		O	O		X	X	X	O
X	O			X			X	X
	O	X	X	O	O		O	X
X	X		O		O	O	O	
	X	O		X		X	X	O
X		X		X		O	X	O
O	O			O	O		O	O

Puzzle #30 ▪ Medium

		X		X	X	X		X
X	O	O		O		X		O
O		O	O	O		O	O	X
X	O		O	O			O	
O	X		O	X		X	O	O
X	O			O	X	O		X
	X	X	X		X		X	X
O		X	X	X		X	O	O
X	O			O	O		O	O

Puzzle #31 • Medium

	O	O	O		O	O		O
	X	X		O	X	X	X	
O	X		X		X		X	X
	O	X	X		O			O
				X	X	X		X
		O	X	O		X	X	
	X	O		X	O		X	X
	X	X			X	X	X	
O	O			O		O		O

PUZZLE #32 ▪ MEDIUM

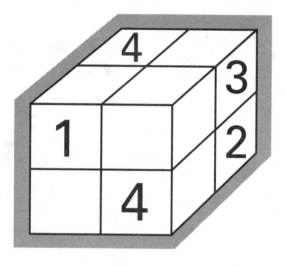

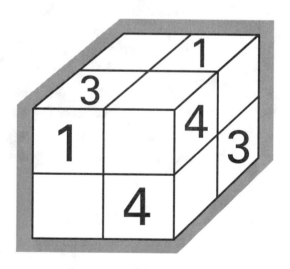

Puzzle #33 • Medium

O	O	X	X			O		X
		O			O	O		
X	X		X	X		X	O	X
	X		X		X	X	O	O
	X	X		O	O			O
O		X	O		X	X	X	
X		X	X		O		O	
O	O		X		X	X	X	
X	X	O		O	O		O	X

Puzzle #34 ▪ Medium

	O		X		X		O	X
	X	X	O	O	X	X	O	
O	X	X		X	O		X	X
O		X			X	X	X	
	O		X	O			X	O
X	O	X			X	X		O
X			X		X		X	X
O	X	X	O	O	X	X	O	
O	X	O	O	X		O	O	X

X	O	X	O	X	O			X
O	O			X	X	O		O
		X	O	O		O	X	
X	O	O		O		O		O
	O	X	X		X			O
	X	O		X		X	X	
O		X	O	O				O
	O	O	O		X		X	X
X	O	X		X	O	X	X	O

Puzzle #36 ▪ Medium

O	X		O	O	O		X	O
O		X	X	X		O	X	
	O		O		X	X	O	O
X	O	X		O	O			
		X	X		X	O	X	O
	O					X	O	X
X		X	X	X		X	O	
X	X	O	O	X	X		X	O
O	O		O	O		O	X	X

SUDOKU EXPRESS #9

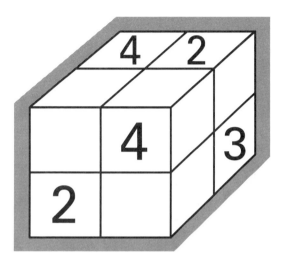

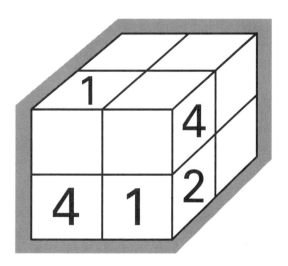

Puzzle #37 ▪ Medium

	O	X		X	O	X	O	X
O	X	X	O	O		O	O	X
O	X		X	X	O	O		
X	O	X	O		X		O	
	O	O	O		O		X	O
		X			X	X	X	
X	X		X	O	O			
	O		O	O	X	X		X
X	O		X	X			O	X

Puzzle #38 • Medium

X	X			X	X		X	X
O	O	X		O	O			
X		O	O			X	O	X
	X	X	X		O	X	O	X
		X	X			X		
X	O		O	X	O		O	X
X	O		O	O			X	
O	O				O	O	O	
X		O	O	X			O	O

Puzzle #39 ▪ Medium

	O	O		O	X	X	O	O
X		O	O	O		O	X	X
X	O		X		O	X		
	O		O		X		X	
O	O			O	O	X	X	O
X		X	O	X			O	O
X	O		O	O			O	
	O	O			O	O		X
	X	X	X		X		O	O

Puzzle #40 ▪ Medium

	X	O	X	O		O	O	
X	X			O		X	X	
O	O	X		X		X		X
X		X	X		X	O	O	X
X	X		O		X			X
O		O	X			X	X	
O	X			X	X		X	X
	X	X	X		O	X	X	O
		O	O	O		O		O

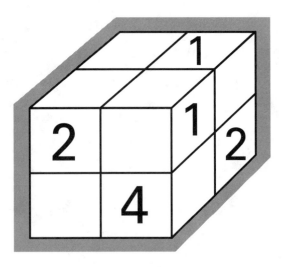

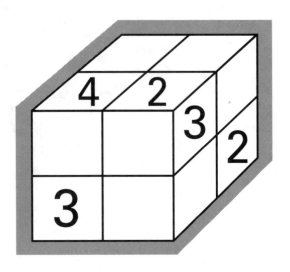

PUZZLE #41 ▪ MEDIUM

X	X		X	X		X	O	O
O	X		X		O		O	
	O				X		X	X
O		X		X			X	O
	X	X	X		O	X		O
X	X		X	O		X	X	
O		X	X		X	X		
O	X	O		X	X		X	O
	X	X			O		X	O

Puzzle #42 ▪ Medium

X	X		X	X		X	O	O
O	X		O	O			X	X
	O	O		O	X	O		O
X		O	O	O		O		
	O				O	X	O	O
X	O	O		O	X		X	O
					X	X	X	
X	O	O		X			O	
O	X	X		X	X	X	O	O

O	O		O	O			O	O
X	O	O	X	X		X	O	X
X			X		X		X	
O	O	X		O				O
	O			X	X	X		X
O	X	X		X	X		O	X
O			O			O	X	
X		X	X	X		O	O	X
X	O	O	X	X		X		X

Puzzle #44 ▪ Medium

O		O		O	X	O	X	O
	X	X	X	O	X			X
O	O		O		O	O	O	
	O	O	O		O	X	O	
X				O			X	O
O	X	O		O	O	X	X	O
O			X		O			O
X	X		O	O			X	
O	X	O	X	O	X	O	X	O

SUDOKU EXPRESS #11

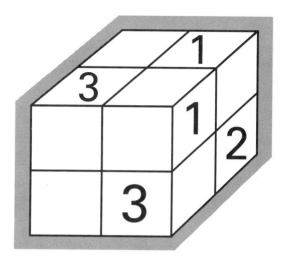

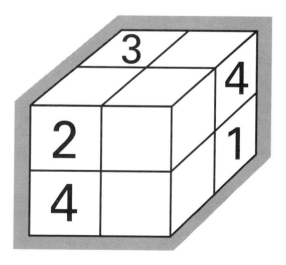

O		O	O	X		X		O
O	X	X			O	O		X
	O		O	X	O		O	
X		O		X			O	O
	X	O		X		O	X	O
X	X		X	O	O		X	
X		X	O	X	O	X	O	X
X	O	O		O		O	O	X
		O			X		X	

PUZZLE #46 ▪ MEDIUM

	O	X	X		X	O	X	O
O	O		O	O		O	O	X
X		O	X		O		X	
O	X		O		O	O	O	
	O	O		X			X	O
O	X	X		X	X	X		X
O	O	X	X		O	X	X	O
X		O	O	O				X
X		X			X	O	X	O

PUZZLE #47 ▪ MEDIUM

X	X	O	O		O	O	O	
O	O		O	O		O	X	X
	X	O		X			X	O
X		O		O	O	X		O
X	O	O	X	X			X	
	O		O	X	O	O		O
X		O	O	O		O	X	
		X				O	O	X
O		O		X	X	X		

PUZZLE #48 ▪ MEDIUM

X	X	X			O		O	
O	O		O	O	X	X		X
O	X			X	X		X	X
	X	X	X		X	X	X	
	O			X				X
X	O	O		X	X		X	O
		X	X		X		X	O
O	O	X		X	X	X		
X			O			X		O

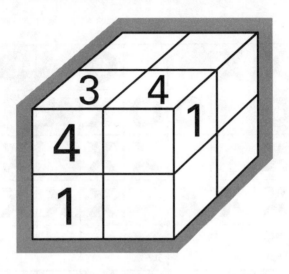

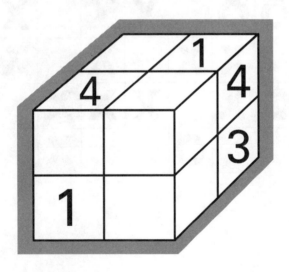

Puzzle #49 ▪ Medium

X	X		X	O	X		X	X
O		O	O	X		O		O
	O			O	O		O	
X	O	X		X	X	X		O
O	X	O	X	O			X	O
	X		O		X	X		
		X	X			O		X
O	X	X	O	O			X	X
O	X	O	X	O	X	O	X	O

PUZZLE #50 ▪ MEDIUM

	O	X		X	X	X		O
X		O	X		O	O	X	
X	X		X	O		X	X	O
X		X			X			X
	X	X		O	X		X	X
O		O	X			O		O
	X		X	O		O	X	
O		X	X					O
O	O	X		X	X		X	O

PUZZLE #51 ▪ HARD

	O	O	O		O		O	
	X	O		O	O		X	
	X		X		X		O	
O		X	O	X		X	X	O
		X		O	X			
		O	X		X		O	
	O	O		X	X	X		
	O	X	O			O	O	
		O	O	O		O		

Puzzle #52 • Hard

X	O	O		O	O			O
		X	X	X			X	O
X	X	O	O		O	O		
		X	X	O		O	X	
O		O		O		O	O	X
X			O		X			
O	O			O	O		X	O
X	X		X			X	O	O
O	X	X		X		X		X

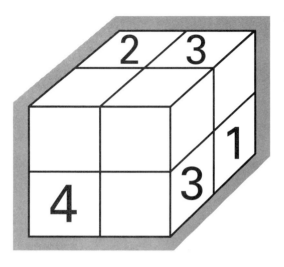

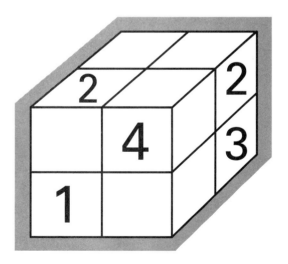

Puzzle #53 ▪ Hard

O	O	X		X	X	X		O
X	X		O		X	X	X	
O	X	O	X	O		O	X	
X		X		X			O	
X		O		X		X		
	O	O	X		O	X	X	O
O	O	X	O		X			O
			O		O		X	O
O		O	X	O		O	X	

PUZZLE #54 ■ HARD

O			O	O		O		
X			X		X	X		X
O	O	X	O		O	O	O	
O		X			X		O	X
X				O		O		
X		X		O	O	O		X
	O	O	X		X	O	O	X
X	X	O		O	O			X
O	X	X		O	X	O	X	

Puzzle #55 ▪ Hard

O			O	X			O	O
X	X	X			X	X	X	
O	X		X			O	X	O
O	X	X	O	O			O	X
		O			X	O		
X	O	O		O	X		O	
X			X	O	X		O	X
O	O		O	X		X	O	X
O	O		O	X		O		O

Puzzle #56 ▪ Hard

	O	O			O	O	X	
X	O	O	X		X	X	O	O
	X	X	X		O	O		
X		X	X				O	
	O	O			O	O		
O			X	X	O	O	X	X
O		O				O		O
O	O	X	X	O	O		X	O
	X		X	O	O			

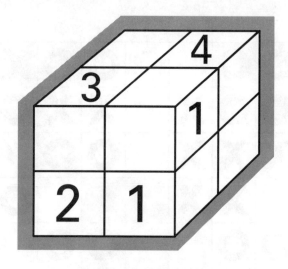

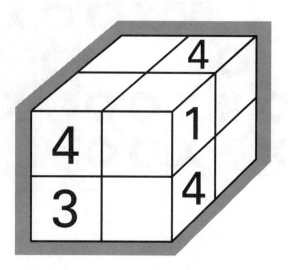

Puzzle #57 ▪ Hard

O		X		X		X	O	X
	O	O						O
X	O	X	X		X	X	X	
O	X	O	X	O	X	O	X	O
X	X		O				X	
O	O				X	X		O
X		O	O	O			X	O
O	X		X	O	X	O	O	
	O	O	O	X		X	X	O

X	O		O	O		O	X	X
X	O	O	X		X	O	X	O
O		X	O	X	O		O	
X		O			O	O	O	
O				O		O	X	X
	O	O	X	O	O		X	O
O	X		O		O			X
O			X	O	X		X	O
X	O	X		O		O	X	X

PUZZLE #59 ▪ HARD

	X			O	O		X	O
O		X	X	X		O	O	X
O		O	X	O	X	O	X	
O	O	X		O		O		X
		O			O		O	
X	O		X	X	O		O	X
X	X		X	O		O	X	
	X		O		O	X		O
X	O		X	X		X		O

Puzzle #60 ▪ Hard

O	O	X	X			X		
X		O		X	O			O
X	O		X	X		X	O	
X	O			O	O	X	O	
	X					O	O	X
X	X	O		X	O	O		X
X	O	X	O				O	X
	O		X		O		X	
X	X	O			O	O	X	

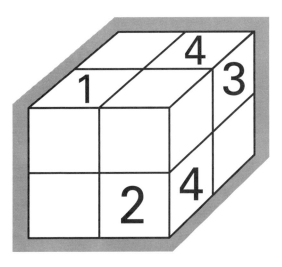

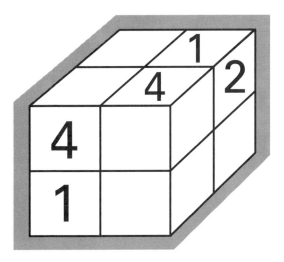

Puzzle #61 ▪ Hard

O		O	O	X	X		X	O
O	O	X		O	X	O		X
	X		X	O		X	X	O
	X	X	X		X			X
O	O		X	X			O	O
	O			O		O		X
O		X	O	O			X	O
O	O	X	X		X		X	X
	O		O		O	X		O

Puzzle #62 ▪ Hard

X	O			X	X	X		
		X	X	O	O		O	O
	O	X			O	O	O	
O			O	X	O			O
X	O	O				O	X	O
X			O		X	X		X
	O		O		O			
X		O	O	O		X	O	O
X	X	O		X		X		X

PUZZLE #63 ■ HARD

O	X		X	X		X	O	O
X	X	O				X		O
O		X		O	O	O		
			O		O		O	
X	O	O	X			O	O	X
O				O	O	O		
	O	O	O			O	O	X
X	X		X	O	O			
O	X	O		O	O	X	X	O

Puzzle #64 ▪ Hard

X	O	X	O			O		O
X					X	X	X	
O	O	X		X	O	O	X	X
	O	X		O	X		O	X
O		X		O	O	O		X
	O		X		X		O	
O		O	O		O	O	O	
		X		X		O	X	X
	O	O	O		X		X	O

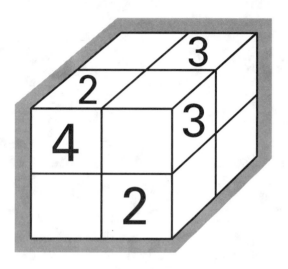

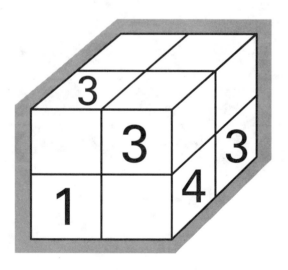

PUZZLE #65 • HARD

X	O			X		O	X	X
O		X	O	O	X		O	
X	O	X	O	X				X
	O				X	O	X	O
	X	X						X
O	X		O		X	X	X	
X		O	O				O	
O	X		O	O		X	X	O
X	X	O		X		X	O	X

PUZZLE #66 ▪ HARD

X		O	O	O		O	X	X
		O			X		X	O
X	O			X		O		O
	X	O		O	O	O	X	
	X			X	X		X	X
X		O				X	O	O
O	X	X		X		X	O	X
X	X		X		X	X		
O		O	O	O			O	O

Puzzle #67 ▪ Hard

		O	O	O		O	X	O
X	O	X		X	X			X
X	O		O		O	O	O	
X			X	O	O		O	X
	O				X	O	X	
X	O	X	O			O	X	X
O				X	X		O	X
O	O	X	X	O		O	O	
	X	X	O	O		O	X	X

Puzzle #68 ▪ Hard

X	O	O		O	X	O	X	O
O	X	X		X		X		O
X	O			O		O		
O		O		X	X		X	O
X	X	O					X	X
		X	X			X	O	O
X	O		X		O	O	O	
O	X	X				O	X	O
O	X		O	O	X		X	X

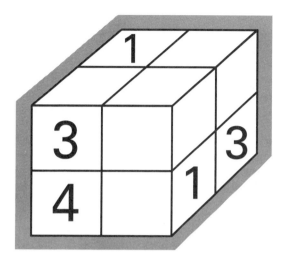

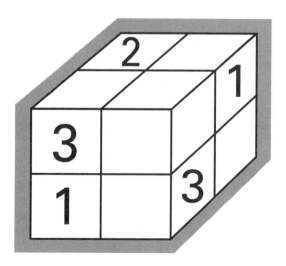

Puzzle #69 ▪ Hard

O		X	O		O	O	X	X
O	X		O	O	X	X		X
	X	O				O		
	X	O			X	X	X	
	O	O	O		X			O
X	O		O			X	O	X
O		O		X	X	X		X
O		X	X	X		X		
	X	X			O		O	X

Puzzle #70 ▪ Hard

O	X		X		X		O	X
X	O		O	O	X	X		
			O		O		X	X
	X	X	X		O		X	
O	X		X			O	X	
O			O	X		X		X
	X	O	O	X			X	X
O		X	X		X		X	X
O	O			O	O		O	

Puzzle #71 ▪ Hard

X	O		O	O		O	O	X
O		O			O			X
	X	X	X		X		X	
X	O	O		O	X	X	O	O
	O	X				X		X
X	X		X	X	O			
	X	X			X	O	X	O
X	X	O			O	X	X	
		O	X	O	X	O		X

Puzzle #72 ▪ Hard

O	X	O		O	O			
X	O		O	O	X		O	
	O	X		X		O	O	X
	X		X		O	O		O
X			O		O	X	X	
O		O	X				O	O
O	X		O		X	X	X	
	O	O		O	O	O		X
O	X			X	X		O	X

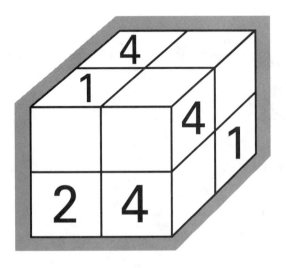

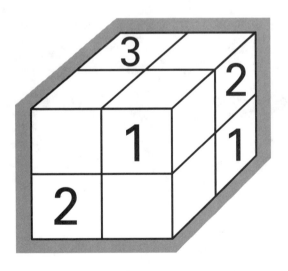

O	X	O	X	O				X
X	O	X	O	O		O	X	X
X	O		O		X	O	X	
		X		O			X	X
O		O	O		O	O		
O		X		X			O	O
		O		O		X	O	
	X	X	X		O	X	X	O
O	X	O	X	O		O		O

X	X	O	O			O	X	
O	O	X	X		X	X	O	C
	X		O			O	X	X
		X	X			X	O	X
O	O	X				O		
X	O	O	X	X		X	O	O
				X	X			
X	O	O		O		X	X	C
X	X	X		X	O			C

Puzzle #75 ▪ Hard

X		X		X		X	X	O
	X	O	O		X	X	X	
O	O		O				O	
O		X		X		X		
O	X	O	X		X		X	X
	O		O	O	X		X	X
		O	O		O	X		X
X				X		X	X	
O		O	O	X		O	O	

Puzzle #76 ■ Hard

X	O		O	O			O	O
O		O		X	X	X		
X	X		X			O		O
	X	X	O		X	X	X	
X		O						
O	O	X		X	X	O		X
	X	O		O	O	O		X
X		X	X	O		O	O	X
X	O	O		X			O	

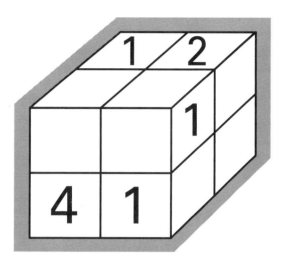

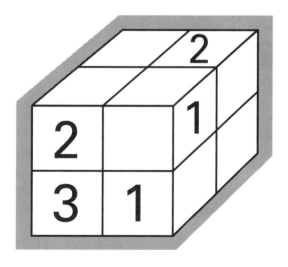

Puzzle #77 ▪ Hard

X	O	X	O	X	O		O	
X			X	O	X	O		X
		X		O	X		X	X
X		X			O	X	O	X
O	O		X	X			O	
		O			O	X	X	O
O	O		X	O	X		X	X
	O	O					O	O
X	X		O	O		X	O	X

Puzzle #78 ▪ Hard

		O		O		X	X	
X	X		X	X	O	O		O
O	O	X	X		X		O	
	O		O		O	X	O	X
O	X	X	O	O		O		
X		X				O		X
O		O		X	X	X		X
X	X	O		O	O	X	X	
O		X	O		O	O	O	

Puzzle #79 ▪ Hard

	X	O	X		X	X	X	
O	X	O			O		O	O
X		X	X	X		X	O	X
O		X		O		O	X	
O		O	O			O	X	O
			O	X	O	X	O	X
X	O	X		O				O
O	X	O				X	O	O
	X		X	X		X	X	

PUZZLE #80 ▪ HARD

O	O		O		X	X	O	
X		X	X	O	O		O	
	X	X	X			O	X	O
	X		O		X	O	X	O
			O	O				O
O	X		X		X		X	
	X	X	X		X	X	O	O
X	O				X		O	X
O	O	X	X	O		X	X	O

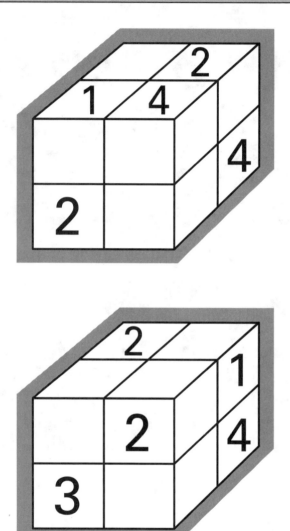

ANSWERS

Puzzle #1

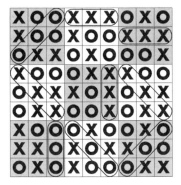

Puzzle #2

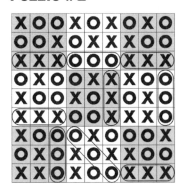

Puzzle #3

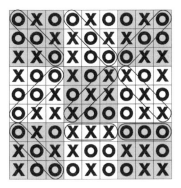

Puzzle #4

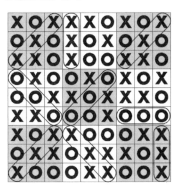

Sudoku Express #1

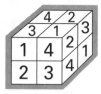

Puzzle #5

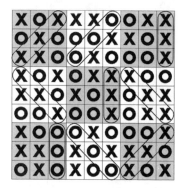

Puzzle #6

Puzzle #7

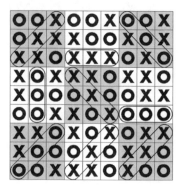

Puzzle #8

Sudoku Express #2

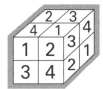

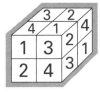

Puzzle #9

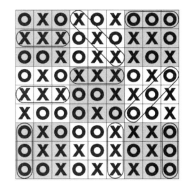

Puzzle #10

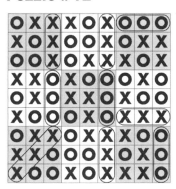

Puzzle #11

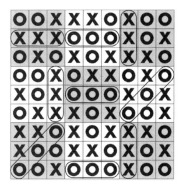

Puzzle #12

Sudoku Express #3

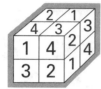

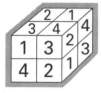

Puzzle #13

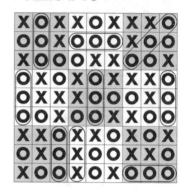

Puzzle #14

Puzzle #15

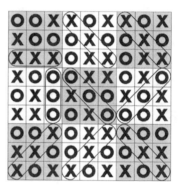

Puzzle #16

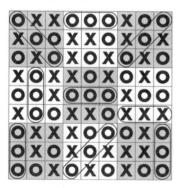

Sudoku Express #4

Puzzle #17

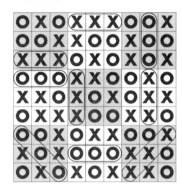

Puzzle #18

Puzzle #19

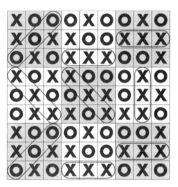

Puzzle #20

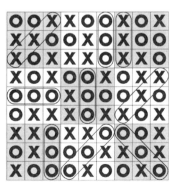

Sudoku Express #5

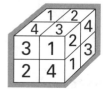

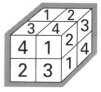

Puzzle #21

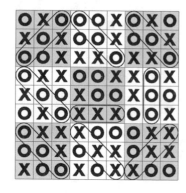

Puzzle #22

Puzzle #23

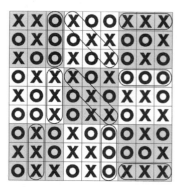

Puzzle #24

Sudoku Express #6

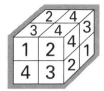

Puzzle #25

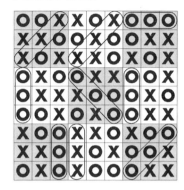

Puzzle #26

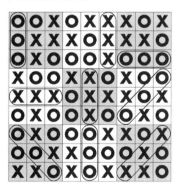

Puzzle #27

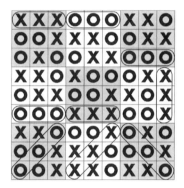

Puzzle #28

Sudoku Express #7

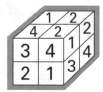

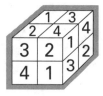

Puzzle #29

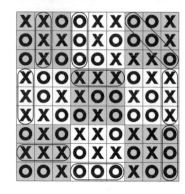

Puzzle #30

Puzzle #31

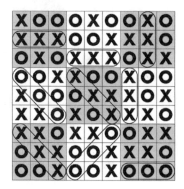

Puzzle #32

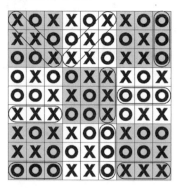

Sudoku Express #8

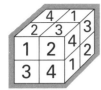

Puzzle #33

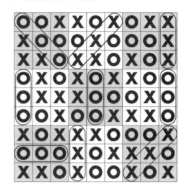

Puzzle #34

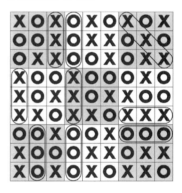

Puzzle #35

Puzzle #36

Sudoku Express #9

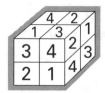

Puzzle #37

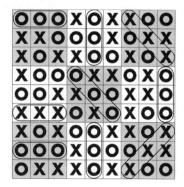

Puzzle #38

Puzzle #39

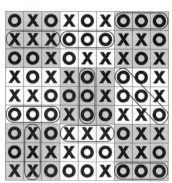

Puzzle #40

Sudoku Express #10

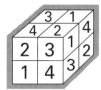

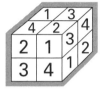

Puzzle #41

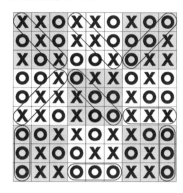

Puzzle #42

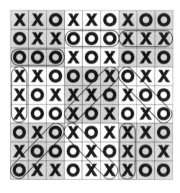

Puzzle #43

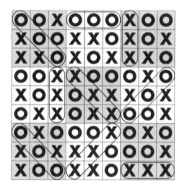

Puzzle #44

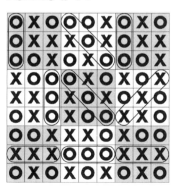

Sudoku Express #11

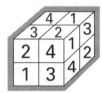

Puzzle #45

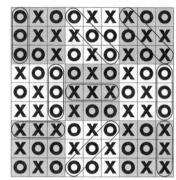

Puzzle #46

Puzzle #47

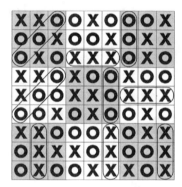

Puzzle #48

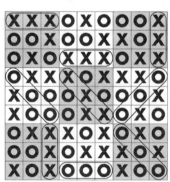

Sudoku Express #12

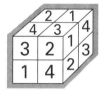

Puzzle #49

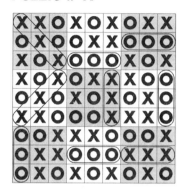

Puzzle #50

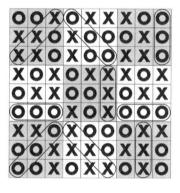

Puzzle #51

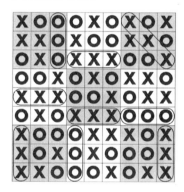

Puzzle #52

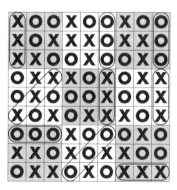

Sudoku Express #13

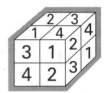

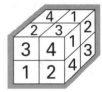

Puzzle #53

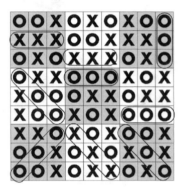

Puzzle #54

Puzzle #55

Puzzle #56

Sudoku Express #14

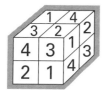

Puzzle #57

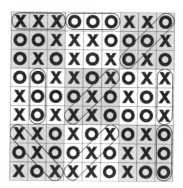

Puzzle #58

Puzzle #59

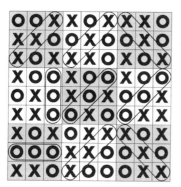

Puzzle #60

Sudoku Express #15

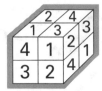

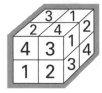

Puzzle #61

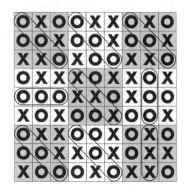

Puzzle #62

Puzzle #63

Puzzle #64

Sudoku Express #16

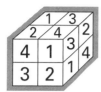

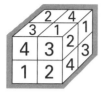

Puzzle #65

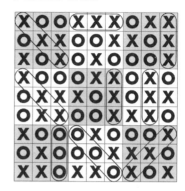

Puzzle #66

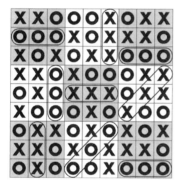

Puzzle #67

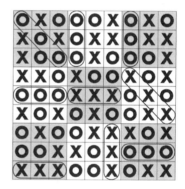

Puzzle #68

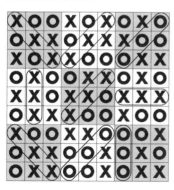

Sudoku Express #17

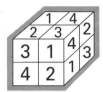

Puzzle #69

Puzzle #70

Puzzle #71

Puzzle #72

Sudoku Express #18

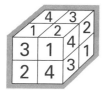

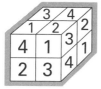

Puzzle #73

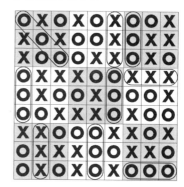

Puzzle #74

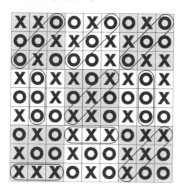

Puzzle #75

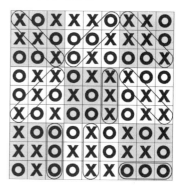

Puzzle #76

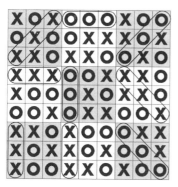

Sudoku Express #19

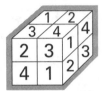

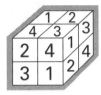

Puzzle #77

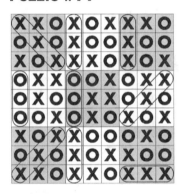

Puzzle #78

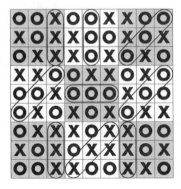

Puzzle #79

Puzzle #80

Sudoku Express #20

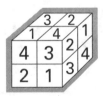

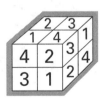